aquilespriester

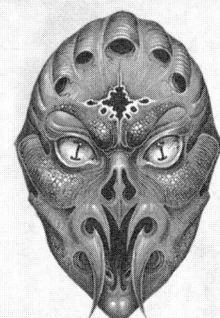

1 2 3 4 5 6 7 8 9 0

©2011 Aquiles Priester Holdings.
Exclusive distribution by Mel Bay Publications.
All rights reserved. International Copyright Secured.
. Made and printed in the U.S.A.
Nenhuma parte desse livro pode ser copiada ou reproduzida
sem aviso prévio ao autor.
No part of this publication may be reproduced in whole or in
part, or stored in a retrieval system, or transmitted in any form
or by any means, electronic, mechanical, photocopy, recording,
or otherwise, without written permission of the publisher.

Visit us on the Web at www.melbay.com
E-mail us at email@melbay.com

AF120085

Inside My PsychoBook
100 double bass patterns

Inside my PsychoBook
100 Double Bass Patterns
by Aquiles Priester

Concept
Aquiles Priester

Transcription
Pedro Jr.

Encore Software
Pedro Jr. and Luiz Cavagioni Jr.

Audio Recording, Mixing and Mastering
Heros Trench, Marcello Pompeu and Cristiano Schneider at Mr. Som Studios

Book Design
Patrícia Tarasconi Priester and Clauber Trivoli

Cover Artwork
Luciano Sorrentino

Text Revisor
Antonio Carlos Monteiro and Susanne Conradt

Photography
Ricardo Zupa

Aquiles Priester's Representations
Peter Knorn for United Talents Management at utm@music-satellite.de

Official websites:
www.aquilespriester.com
www.hangar.mus.br

Acknowledgments

Very Special THANKS to Patrícia, Juliana, Arthur and Buzz Tarasconi Priester for accepting and supporting my life as a musician.

Thanks to Pedro Jr., Luciano Sorrentino, Heros Trench, Marcello Pompeu and Cristiano Schneider, Ricardo Zupa, Antonio Carlos Monteiro, Van Guedes, Susanne Conradt, Clauber Trivoli, Gustavo Sazes, Michely Sobral, Andréia Vianna and to all my family members, friends and FANS around the world. And last but not least, everybody at Mel Bay Publications for making this dream come true!

Extra thanks to my great friends and amazing drummers for all inspiration and support:
Kiko Freitas, Thomas Lang, Alaor Neves, Albino Infantozzi, Amilcar Christófaro, Cláudio Infante, Cuca Teixeira, Dan Zimmermann, Dirk Bruinenberg, Douglas Las Casas, João Barone, Mark Cross, Mauricio Leite, Mike Portnoy, Roberto Sallaberry, Rod Morgenstein, Serginho Herval, Vera Figueiredo and Zé Montenegro.

Aquiles Priester would like to thank everybody at the following companies for all of their continued support: Mapex Drums, Paiste Cymbals, Evans Drum Heads, Pro-Mark Sticks, Audio-Technica Microphones, DW Pedals, Gibraltar Hardware, Zoom Effects, DDrum, Urbann Boards PsychoShoes, Ciclotron Electronic Equipments and Shred Cases.

Aquiles Priester is endorsed by

Biography

Aquiles Priester was born in a South African city called Otjo, where he lived until he was 4 years old. However, even before moving, he had his first contact with a drum set: a jazz band was performing on a TV show and the image of drums and cymbals being played established itself on the boy's mind, as if projecting what his future would be.

After moving to Foz do Iguaçu, in the interior of Paraná, since his adolescence Aquiles dreamed of being a musician, starting his career in a band that dubbed the group Ultraje A Rigor, then playing in wedding bands and later rock – and, more specifically, heavy metal. For a long time he faced a dilemma: whether to be a drummer or a soccer player, as his ability with the ball was considerably good. Music ended up speaking louder.

After moving to Porto Alegre, Aquiles took classes with some of the best drum masters in the region, such as Mimo Aires, Thabba and Kiko Freitas. At the same time, he alternated between cover bands and groups that wrote their own material. After a pause during which the musician's promising career was almost aborted, Aquiles founded the heavy metal band Hangar, which gave him the opportunity to open an Angra gig in Porto Alegre in 1998. The following year, Hangar would release their first album "Last Time" and from then on Aquiles would become known nationwide.

In 2001, Aquiles was announced as the new drummer for the band Angra, the biggest melodic heavy metal group in the country with fans all over the world. From then on his career took off. With the band he recorded the albums "Rebirth" (2001), "Hunters and Prey" (EP, 2002), "Live in São Paulo" (live, 2002), "Temple of Shadows" (2004), and "Aurora Consurgens" (2006). During these years, Aquiles was elected best Brazilian heavy metal drummer numerous times. Magazines such as Roadie Crew, Rock Brigade and Comando Rock, were some of the most important national rock magazines which annually promoted polls among their readers to elect the best musicians of the genre. They systematically chose Aquiles as the main heavy metal drummer of the country. Even magazines of other countries such as the renowned Burrn! of Japan, also considered Aquiles as one of the biggest musicians of the genre in the world.

Aquiles also created a drum clinic show where, using all of his equipment, he demonstrated his insurmountable technique in detail. He also personally interacted with the public, which has given him both national and international recognition – to such an extent that, besides having taken his drum clinic show to other countries in South America, Europe and Asia, he was also invited to be the endorser of various renown brands. Thanks to all of his unrelenting work and irreproachable professional attitude, Aquiles became the only Brazilian drummer to have a signature instrument by the brand Mapex. Aquiles' drum clinic show also became available on DVD. "Inside My Drums" was released in 2004 and rapidly became a bestseller.

Parallel to Angra, Aquiles continued his career with Hangar, recording two more albums, "Inside Your Soul" (2001) and the recently released "The Reason Of Your Conviction." Furthermore, in 2006 he also released the debut album of the band Freakeys, his parallel instrumental rock project.

All of this made it almost an obligation for Aquiles to write an instructional book showing his exuberant double bass technique. That is what you have in hand, "Inside My PsychoBook, 100 Double Bass Patterns," which shows that while the world may have lost a great soccer player, that doesn't mean that Aquiles stopped proving that he knows how to use his legs very well...

Antonio Carlos Monteiro

Biografia

Aquiles Priester nasceu em Otjo, cidade situada na África do Sul, onde morou até os 4 anos de idade. Porém, mesmo antes de se mudar de lá, travou seu primeiro contato com uma bateria: um conjunto de jazz se apresentava na TV e a imagem de tambores e pratos sendo percutidos fixou-se na imagem do menino, como que projetando qual viria a ser seu futuro.

Após se mudar para Foz do Iguaçu, no interior do Paraná, desde a adolescência Aquiles teve o sonho de ser músico, começando em uma banda que se apresentava dublando o grupo Ultraje A Rigor, passando por bandas de baile e descambando no rock – e, mais especificamente, no heavy metal. Durante muito tempo, Aquiles enfrentou um dilema: ser baterista ou jogador de futebol, já que sua habilidade com a redonda também era digna de respeito, mas a música falou mais alto.

Após se mudar para Porto Alegre, Aquiles teve aulas com alguns dos melhores mestres de bateria da região, como Mimo Aires, Thabba e Kiko Freitas. Ao mesmo tempo, revezava-se entre bandas cover e grupos que faziam material próprio. Após um hiato em que a carreira de músico promissor quase foi abortada, Aquiles montou o grupo de heavy metal Hangar, com o qual teve oportunidade de abrir um show do Angra em Porto Alegre, em 1998. No ano seguinte, o Hangar lançaria seu primeiro álbum, "Last Time", e, a partir daí, Aquiles passou a ser conhecido nacionalmente.

Em 2001, Aquiles foi anunciado como o novo baterista do Angra, maior grupo de heavy metal melódico do país e com fãs em todas as partes do mundo. Sua carreira, a partir de então, deslanchou. O baterista gravou com a banda os discos "Rebirth" (2001), "Hunters And Prey" (EP, 2002), "Live in São Paulo" (ao vivo, 2002), "Temple Of Shadows" (2004) e "Aurora Consurgens" (2006). Ao longo desses anos, Aquiles foi escolhido inúmeras vezes o melhor baterista de heavy metal no Brasil. Roadie Crew, Rock Brigade e Comando Rock, mais importantes revistas nacionais de rock e que anualmente promovem votações junto a seus leitores para eleger os melhores músicos do gênero, vêm apontando sistematicamente Aquiles como o principal baterista de heavy metal do país. Já revistas de outros países, como a consagrada Burrn!, do Japão, também considerou Aquiles um dos maiores músicos do estilo em todo o mundo.

Aquiles também criou um workshop no qual, utilizando seu equipamento completo, apresenta em detalhes sua técnica insuperável, além de interagir de forma muito pessoal com o público, o que lhe tem valido reconhecimento nacional e internacional – tanto que, além de já ter levado seu workshop a outros países da América do Sul, Europa e Ásia, também foi convidado a ser endorser de inúmeras marcas consagradas. Graças a esse trabalho incansável e a sua postura profissional irrepreensível, Aquiles acabou se tornando o único baterista brasileiro a ter um instrumento signature da marca Mapex.

O workshop de Aquiles acabou se tornando, também, um DVD. "Inside My Drums", lançado em 2004 e que rapidamente virou recordista de vendas.

Em paralelo ao Angra, Aquiles continuou sua carreira com o Hangar, tendo gravado mais dois álbuns, "Inside Your Soul" (2001) e o recém-lançado "The Reason Of Your Conviction". Além disso, em 2006 ele ainda lançou o álbum de estréia de seu projeto paralelo de rock instrumental Freakeys.

Tudo isso tornava quase obrigatório que Aquiles colocasse na praça um livro instrucional que mostrasse sua exuberante técnica nos dois bumbos. E é isso que você tem em mãos. Inside my PsychoBook – 100 Double Bass Patterns, mostra que o mundo pode ter perdido um grande jogador de futebol, mas nem por isso Aquiles deixou de mostrar que usa muito bem suas pernas...

Antonio Carlos Monteiro

Foreword by Kiko Freitas, Aquiles Priester's teacher.

No one can educate another person; people can only educate themselves.

I met Aquiles when he looked me up to take classes, at a time when both of us lived in the south of Brazil. He didn't say anything about styles or specific things he wanted to learn, he only mentioned that he wanted to study and perfect the art of drum playing. Reading, technique, independence... None of this has any value if the interior attitude of the human being who searches for something is not focused on real apprenticeship. Art is a term that derives from the latin, "ars" – which in turn originates from "agere", meaning "action" or "to act". Therefore, the artist is an agent. It is very good and I take great pride in seeing Aquiles in full action, proving that music has no boundaries, as a real artist should do.
Bless you and may you enjoy a lot of success, Aquiles!

Depoimento de Kiko Freitas, professor de Aquiles Priester.

Ninguém pode educar alguém; alguém só pode educar a si mesmo.

Conheci Aquiles quando ele me procurou para fazer aulas, no tempo em que nós dois morávamos no Sul do Brasil. Ele não disse nada sobre estilos ou coisas específicas que gostaria de aprender, apenas falou que queria estudar e se aprimorar na arte de tocar bateria. Leitura, técnica, independência... Nada disso tem valor se a atitude interior do ser humano que busca algo não estiver voltada para o real aprendizado. Arte é um termo que vem do latim, "ars" - palavra que deriva de "ágere", que quer dizer "ação" ou "agir". Portanto, o artista é um agente. É muito bom e motivo de orgulho para mim ver o Aquiles em plena ação, mostrando que a música não tem fronteiras, como o verdadeiro artista deve fazer.
Muita luz e sucesso, Aquiles!

Aquiles Priester and Kiko Freitas, July 1994.

Thomas Lang

Aquiles Priester's Inside my Psychobook: 100 Double Bass Patterns *is a challenging collection of creative ideas and mind-opening exercises for any drummer who wants to expand his musical horizon.*

Aquiles' Inside my Psychobook *and DVD* The Infallible Reason of my Freak Drumming, *gives every drummer the chance to get into his musical "psyche" and understand Aquiles' unique approach to modern metal drumming.*

It's an absolute "must have" for any drummer who is looking for inspiration and information on modern progressive drumming and contemporary drumming techniques.

– Thomas Lang

Thomas Lang and Aquiles Priester, Namm Winter Show 2011.

Thomas Lang

O livro Inside my Psychobook - 100 Double Bass Patterns é uma coleção desafiadora de exercícios com ideias criativas que abrem a mente de qualquer baterista que quer expandir seus horizontes musicais.

Tanto o livro Inside my Psychobook como o DVD The Infallible Reason of my Freak Drumming, dão a chance para cada baterista de entrar no universo musical de Aquiles e entender sua abordagem única na bateria do metal moderno.

É absolutamente obrigatório para qualquer baterista que está procurando inspiração e informação no estilo progressivo moderno e contemporâneo de técnicas de bateria.

– Thomas Lang

Here are testimonials from some of today's great drummers about Aquiles Priester and his "Inside My PsychoBook" method:

Aqui estão alguns depoimentos de grandes bateristas da atualidade sobre Aquiles Priester e seu método Inside my PsychoBook:

I remember that when I met Aquiles he gave me a copy of Hangar's CD, "Inside Your Soul." At the time, I was very busy with some productions that were going on and I only got to listen to the CD a few days later. I had a pleasant surprise! The band was very good and the songs were meticulous and well produced. But the drums really caught my attention. The opening track of the CD was an intro consisting of snare with bass and china which was totally new, different from everything that people try to copy and reproduce, which lead me to listen to the whole CD and conclude that this was something strong, different, with grooves executed with great consistency and authority. It pleases me to hear of yet another work performed by this young and determined musician, for people will be able to partake of his ideas more intensely. Once again Aquiles outdid himself! Congratulations!
Alaor Neves - Mobilis Stabilis

Lembro que, quando conheci o Aquiles, ele me deu de presente um exemplar do CD Inside Your Soul, da banda Hangar. Nessa época, eu estava bem atribulado com algumas produções que estavam rolando e fui ouvir o CD alguns dias depois. Tive uma grata surpresa! A banda era bem boa e as músicas bem cuidadas e bem produzidas. Mas o que realmente me chamou a atenção foi justamente o batera. A faixa que abria o CD tinha uma intro de caixa com bumbo e china que era totalmente nova, diferente de tudo o que tentam copiar e reproduzir, o que me levou a ouvir o CD na íntegra e a concluir que ali havia algo forte, diferente, com grooves executados com muita consistência e autoridade.
Me alegra muito saber da realização de mais esse trabalho deste jovem e determinado músico, pois mais pessoas poderão compartilhar de forma mais intensa de suas idéias. Mais uma vez, Aquiles consegue se superar! Parabéns!!!
Alaor Neves - Mobilis Stabilis

Aquiles, congratulations on your initiative and determination. The drummer community thanks you for the talent and motivation in this new material. I am sure that it will be studied by fans of the genre. I wish you success with your career.
Albino Infantozzi - Solo

Aquiles, parabéns pela iniciativa e determinação. A comunidade baterística agradece por seu talento e sua motivação neste novo material. Tenho certeza de que ele fará parte da rotina de estudos dos aficcionados do gênero. Sucesso na carreira.
Albino Infantozzi - Solo

What can one say about a drummer who is one of the masters at playing the double bass in a variety of ways? This method only confirms this. Aquiles clearly shows that in his dictionary the word "no" does not exist, or in other words, everything is possible as long as you have will power, determination, your soul on your drum sticks and, most of all, a lot of passion for what you do. To compose a method containing 100 exercises focusing on the double bass shows us that he is not only an extremely fast, efficient and precise drummer - more than that, he is creative, a quality that, in my opinion, is essential to a drummer. Well, this is at least a little of what I think about the drummer Aquiles Priester, because if I were to talk about the friend and person, the number of pages of the method would not be enough.
Amilcar Christófaro - Torture Squad

O que falar de um baterista que é um dos mestres quando se trata de tocar dois bumbos das mais variadas formas? Esse método só vem a confirmar isso. Aquiles demonstra claramente que no dicionário dele não existe a palavra "não", ou seja, tudo é possível desde que você tenha força de vontade, garra, coração na ponta da baqueta e, principalmente, muita paixão naquilo que faz. Para compor um método contendo 100 exercícios direcionados exclusivamente a dois bumbos, dá pra perceber que ele não é apenas um batera extremamente rápido, eficiente e preciso - mais que isso, ele é criativo, qualidade que, em minha opinião, é essencial para um baterista. Bom, isso é pelo menos um pouco do que acho do baterista Aquiles Priester, porque se eu for falar do amigo e da pessoa, o tanto de páginas desse método ainda seria pouco.
Amilcar Christófaro - Torture Squad

Although I have heard Aquiles' work and accompanied his success, our personal and professional encounter took place at a drum clinic in Rio where we shared the stage. The amazing thing, besides a solid style with two killer basses creating original grooves, is the interest of fusing characteristic metal themes with a rich mixture of Brazilian rhythms. Furthermore, Aquiles' concern is to give the public a structure of high quality concerning the sound, instrument and performance. Congratulations, brother, success with your book and with all of your projects.
Cláudio Infante - Solo

Embora eu já tivesse escutado o trabalho do Aquiles e acompanhado o sucesso que ele vem fazendo, nosso encontro pessoal e profissional foi em um workshop no Rio no qual dividimos o palco. O que é notável, além do estilo sólido com os bumbos matadores que criam levadas originais, é o interesse em fundir temas característicos do metal a uma mistura rica de ritmos brasileiros. Além do mais, Aquiles se preocupa em levar ao público uma estrutura de alta qualidade de som, instrumento e performance. Parabéns, meu irmão, sucesso com o livro e em todos os seus projetos.
Cláudio Infante - Solo

The double bass is an integral part of the musical and drum language of our time. With good taste and humility, Aquiles is part of the select group of musicians in the world who masters this language. I took part of a workshop with him and had the opportunity to see and hear his power, technique and speed live. And all of this in a very musical fashion, which makes him a complete drummer and one of the best in the world in his style. Congratulations for your perseverance, dedication to the drums and music, and also for being the great person you are.
Cuca Teixeira - Solo

Dois bumbos são parte integral da linguagem musical e baterística do nosso tempo. Com muito bom gosto e humildade, Aquiles faz parte do seleto grupo de músicos que dominam essa linguagem no mundo. Participei de um workshop com ele e lá tive a oportunidade de ver e ouvir ao vivo sua potência, sua técnica e sua velocidade. E tudo isso de um jeito muito musical, o que faz dele um batera completo e um dos melhores do mundo em seu estilo. Parabéns pelo empenho, dedicação na batera e na música, e também por ser a grande pessoa que você é.
Cuca Teixeira - Solo

When I first listened to the drum performance of Angra's "Rebirth" album I thought: "This is one of the few real double-bass masters in the world playing on this album!" Fit out with a great sense of time and musical taste, precision, creativity and an excellent technique. His playing is always inspiring for me. Aquiles Priester to me is one of the world's top ten double bass masters.
Dan Zimmermann - Gamma Ray

Quando ouvi a bateria do álbum "Rebirth" pela primeira vez, pensei: "Esse é um dos poucos verdadeiros mestres dos dois bumbos do mundo!" Ele mostrava ali uma grande noção de tempo, muito bom gosto musical, precisão, criatividade e uma excelente técnica. O modo como toca sempre foi inspirador para mim. Para mim, o Aquiles Priester é um dos dez grandes mestres dos dois bumbos do mundo.
Dan Zimmermann - Gamma Ray

Listening to Aquiles and hearing him evolve over the last couple of years really makes me proud that I am one of his influences. He really took his groove and incredible technique to a higher level and I believe he is one of the leading power metal drummers today.
Dirk Bruinenberg - Elegy/Patrick Rondat

Ouvir Aquiles tocando e ver como ele evoluiu nesses últimos anos faz com que eu sinta orgulho de ser uma das suas influências. Ele realmente levou o seu groove e sua incrível técnica para um nível superior e acredito que tenha se tornado um dos maiores bateristas de power metal da atualidade.
Dirk Bruinenberg - Elegy/Patrick Rondat

It is easy to speak of a musician such as Aquiles for, besides knowing him personally, I shared both stages and recording studios with him. Besides being a great musician, enterprising and dedicated to his work, he is also a fantastic person, and that is what makes him exactly who he is. It is not only daily studies that make a good musician, it is also important to have character, common sense, personality, respect and humility. And I can undoubtedly say that he is what he is because of all these reasons. Now, all of this added to his damn feet, or better, the guy has four hands!!! He brings down the house (laughter)... I wish you luck on this project which is already a born winner.
Douglas Las Casas - Solo

Falar de um músico como Aquiles é bem fácil, pois além do convívio pessoal, pude dividir palcos e estúdios de gravação com ele. Além de ser um grande músico, empreendedor e dedicado ao seu trabalho, também é uma pessoa fantástica, e é exatamente isso que faz ele ser quem é. Não são apenas estudos diários que fazem um bom músico, é necessário ter caráter, bom senso, personalidade, respeito e humildade. E posso dizer de carteirinha que esse cara é o que é por todos esses motivos. Agora, tudo isso, somado a esses malditos pés, ou melhor, o cara tem quatro mãos!!! Aí, cai a nossa "Las Casas" (risos)... Muita sorte em mais esse projeto que já nasce vitorioso.
Douglas Las Casas - Solo

After hearing and seeing Aquiles Priester in action with his double bass I discovered a new meaning for the term WEAPONS OF MASS DESTRUCTION!
João Barone - Os Paralamas do Sucesso

Depois que ouvi e vi Aquiles Priester em ação com seus dois bumbos, encontrei um novo sentido para o termo ARMAS DE DESTRUIÇÃO EM MASSA!
João Barone - Os Paralamas do Sucesso

Double bassing is something that has to be done with both feet on two kicks and needs plenty of work out. Whatever paradiddle you do with your hands, try them out with your feet! Aquiles is one of those drummers who can show you how it's gotta be done and how to approve solid steady and fast play! In spring 2007 Firewind and Angra toured Europe and I enjoyed watching him play every night.
Mark Cross - Firewind

Tocar dois bumbos é algo que tem que ser feito com os dois pés nos dois bumbos e requer muita prática. Qualquer rudimento que você faça com as mãos, tente fazê-los com os seus pés! O Aquiles é um daqueles bateristas que pode lhe mostrar como isso pode ser feito e como tocar de modo completo e rápido! Na primavera de 2007, o Firewind e o Angra fizeram uma turnê pela Europa e eu tive o prazer de vê-lo tocando toda noite.
Mark Cross - Firewind

Aquiles Priester is an obstinate guy. He is capable of driving thousands of miles to perform at a drum clinic, setting up his gigantic kit and still playing in a precise and concentrated way. He certainly dedicated a lot of time and technical accuracy to put together this material which is useful as both a means of research and as a study tool.
Mauricio Leite - Solo

Aquiles Priester é um cara obstinado. Ele é capaz de dirigir por milhares de quilômetros para realizar um workshop, montar seu kit gigantesco e ainda tocar de forma precisa e concentrada. Com certeza, ele dedicou muito tempo e apuro técnico para construir esse material bastante útil como pesquisa e ferramenta de estudo.
Mauricio Leite - Solo

I had the pleasure of watching Aquiles each night when Angra opened for Dream Theater in 2005. His power, chops and dexterity was very inspiring. He has all the right tools and knows how to use them.
Mike Portnoy - Dream Theater

Tive o prazer de ver o Aquiles tocando toda noite quando o Angra abriu os shows do Dream Theater em 2005. Sua potência, suas levadas e sua destreza foram uma inspiração. Ele tem todas as ferramentas certas e sabe como usá-las.
Mike Portnoy - Dream Theater

Aquiles Priester, besides conducting his business related to music very well, is undoubtedly a great drummer. He plays with pressure and releases everything, besides having developed his own style of playing the double bass. Two basses, two names... Aquiles Priester.
Roberto Sallaberry - Solo

Aquiles Priester, além de conduzir muito bem seus negócios relacionados à música, é indiscutivelmente um grande baterista. Toca com pressão e para fora, além de ter desenvolvido um estilo próprio para o uso dos dois bumbos. Com dois bumbos, dois nomes... Aquiles Priester.
Roberto Sallaberry - Solo

Aquiles Priester's drumming explodes with a combination of power, technique and musicality. I had the pleasure of meeting him and experienced his drumming when The Rudess Morgenstein Project played with Angra in Caracas, Venezuela. Aquiles' double bass playing is an integral part of his drumming style, which is always exciting and filled with a variety of interesting and intense patterns.
Rod Morgenstein - Winger/Dixie Dregs/The Rudess Morgenstein Project

Aquiles Priester tocando bateria é como uma explosão que mistura potência, técnica e musicalidade. Tive o prazer de conhecê-lo e ouvi-lo tocando quando o The Rudess Morgenstein Project tocou com o Angra em Caracas, na Venezuela. O Aquiles tocando dois bumbos é parte fundamental de seu estilo de tocar bateria, sempre empolgante e repleto de uma imensa variedade de padrões interessantes e intensos.
Rod Morgenstein - Winger/Dixie Dregs/The Rudess Morgenstein Project

When I watched the DVD "Inside My Drums," I was impressed with the precision and speed with which Aquiles mastered the double bass. I had the honor of having him in the audience during a workshop I did at the EM&T three years ago. Since then whenever possible we get to together to talk about music. I am proud to be his friend, because to have such talent and humility is a gift of God! You're the man! I am your unconditional fan!
Serginho Herval - Roupa Nova

Quando eu assisti ao DVD Inside My Drums, fiquei impressionado com a precisão e a velocidade com a qual Aquiles domina os dois bumbos. Tive a honra de tê-lo na platéia num único workshop que pude realizar na EM&T, há três anos. De lá pra cá, sempre que é possível nos encontramos para trocar figurinhas musicais. Tenho orgulho de ser seu amigo, pois talento e humildade assim, só vindo de Deus! Você é o cara! Sou seu fã incondicional.
Serginho Herval - Roupa Nova

Aquiles playing? Conscious, pure adrenaline, technique, energy and madness! He plays a lot!!!
Vera Figueiredo - Solo

Aquiles tocando? Consciente, adrenalina pura, técnica, energia e loucura!!! Toca muito!!!
Vera Figueiredo - Solo

Aquiles Priester is synonym of world drums, of technical equilibrium, perseverance and, without doubt, a lot of discipline in the study of such a complex instrument. His musicality is unmistakable and unique when compared to his peers. This can only turn out to be an excellent method, so that we can all partake of his knowledge.
Zé Montenegro - Solo

Aquiles Priester, sinônimo de bateria mundial, de equilíbrio técnico, de perseverança e, sem dúvida, de muita disciplina no estudo deste instrumento tão complexo. Sua musicalidade é inconfundível e ímpar perante seus pares. Isso só poderia se transformar num excelente método, feito para todos nós desfrutarmos de sua sabedoria.
Zé Montenegro - Solo

Introduction

Why release a book with 100 double bass exercises? For me, this is a very easy question to answer. In everything I've done in the past 10 years, this has been my main focus. Nowadays the double bass technique is part of the musical language of the modern drummer and is no longer an exclusive tool for heavy metal musicians.

The evolution of ideas and techniques in this genre is always way ahead and with each passing day I realize that the study of the double bass is endless, for even novelties are always being recycled.

Since I started doing drum clinics, I always hear the same question at every event: what is the ideal exercise to increase my skill on the double bass? This method is my answer to that question.
Here are 100 exercises that show my double bass style. The book contains everything from very basic exercises to other very advanced ones.

I made a point of emphasizing the base, for without it there is no structure to be correctly developed and no means to go on exploring the study of this limitless genre.

Some exercises were played with two rides but in case you don't have two rides in your drum set, you can tighten your left hi-hat and use it to play the exercises. After all, this was how I started to develop my left hand for grooves and began taking an interest in the second ride.

Naturally I conduct the quaternary grooves in eighth notes, accentuating the first and the third notes using a down stroke, while the second and fourth notes I practically play as ghost notes, using an up stroke. This is what characterizes my groove and, in this way, even though I play heavy metal, my playing isn't stiff and mechanical.

Before beginning the exercises, depending on the formula of the bar, the metronome will play one bar before starting the exercise - with the exception of the exercises where the tempo is faster and thus I left two steady bars.

Studying the exercises this way will significantly increase your familiarity with the double bass technique. As you practice, new groove ideas will arise and you will broaden your vocabulary more and more.

Good luck and good practice to all of you!!!

Take care

Introdução

Por que lançar um livro com 100 exercícios de dois bumbos? Para mim, isso é muito fácil de responder. Em todo trabalho que venho realizando nos últimos 10 anos, esse é meu enfoque principal. A técnica de dois bumbos hoje faz parte da linguagem musical do baterista moderno e deixou de ser uma ferramenta exclusiva do músico que toca heavy metal.

A evolução das idéias e das técnicas desse estilo está sempre à frente e, a cada dia, percebo que o estudo dos dois bumbos é interminável, pois até as novidades estão sempre sendo recicladas.

Desde que comecei a fazer workshops, sempre escuto a mesma pergunta em todos os eventos: qual o exercício ideal para aumentar minha habilidade nos dois bumbos? Esse método é a minha resposta para essa pergunta. Aqui estão 100 exercícios, dos básicos aos avançados, que mostram meu estilo de tocá-los.

Fiz questão de reforçar bem a base, já que sem isso não existe estrutura para se desenvolver corretamente e seguir desbravando o estudo desse estilo sem limites.

Alguns exercícios foram tocados com dois rides mas, caso você não tenha dois rides no seu kit, pode fechar bem o seu hi-hat esquerdo e utilizá-lo para tocar os exercícios. Foi assim que comecei a desenvolver a mão esquerda nos grooves e a me interessar pelo segundo ride.

Naturalmente, eu conduzo os grooves quaternários em colcheias, acentuando a primeira e a terceira notas usando "down stroke", enquanto a segunda e a quarta toco praticamente como "ghost note", usando "up stroke". É isso que caracteriza o meu groove e, dessa forma, mesmo tocando heavy metal, minha condução não fica reta e mecânica.

Antes de começar os exercícios, dependendo da fórmula de compasso, o metrônomo tocará um compasso de espera – com exceção dos exercícios em que o andamento é mais rápido, nos quais deixei dois compassos de espera.

Estudar os exercícios dessa forma aumentará significativamente sua intimidade com a técnica de dois bumbos. Conforme você for praticando, outras novas idéias de grooves surgirão e você ainda ampliará cada vez mais o seu vocabulário.

Muita sorte e boa prática para todos!

Um abraço

Notation key

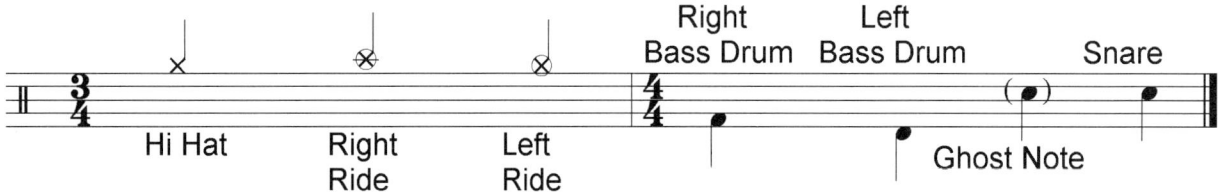

Legenda válida para todos os exercícios

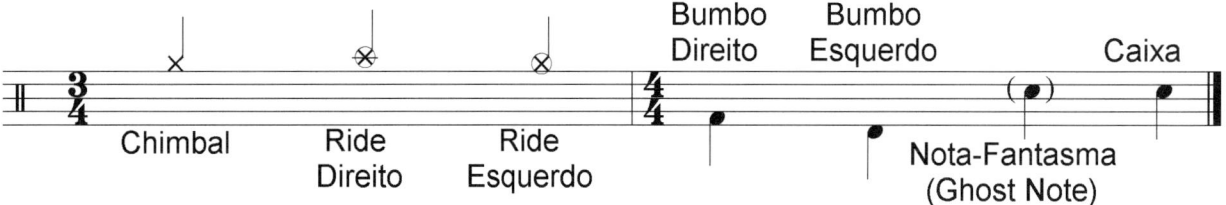

Warm-up exercises - Exercícios de aquecimento

Playing the hi-hat in 16th notes - Tocando o chimbal em semicolcheia

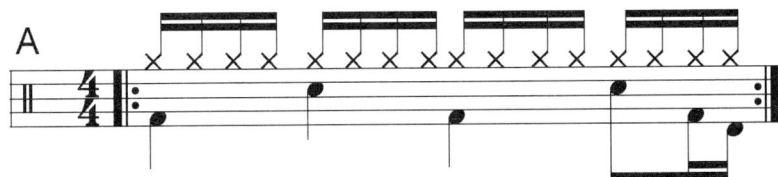

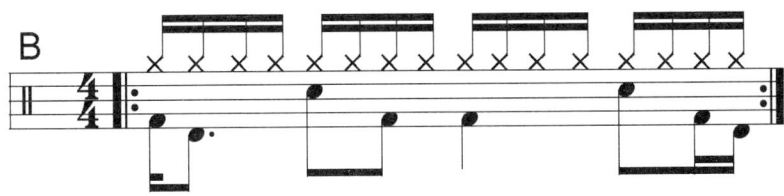

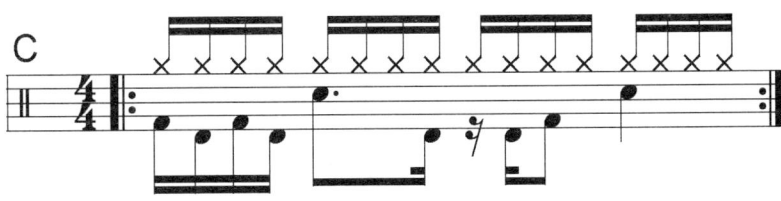

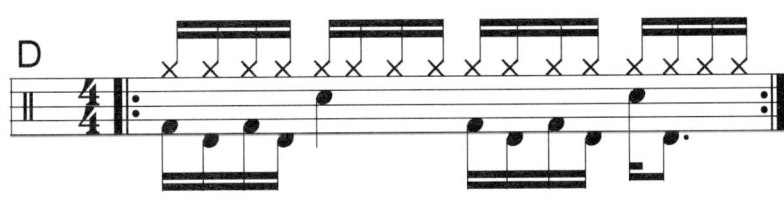

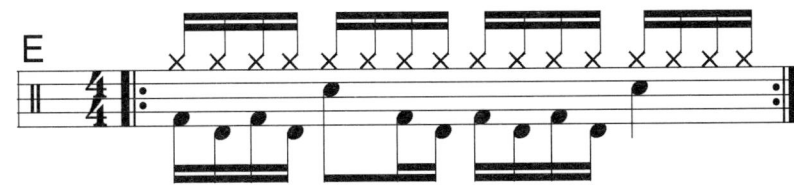

Warm-up exercises - Exercícios de aquecimento

Steady quarter notes on the snare - Tocando as caixas nas cabeças de tempo

A

B

C
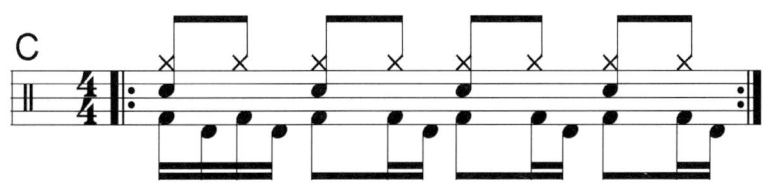

D

E

Warm-up exercises - Exercícios de aquecimento

Playing the snare on the upbeat - Tocando as caixas no contra-tempo

A
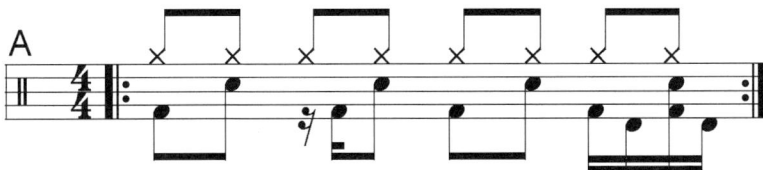

B
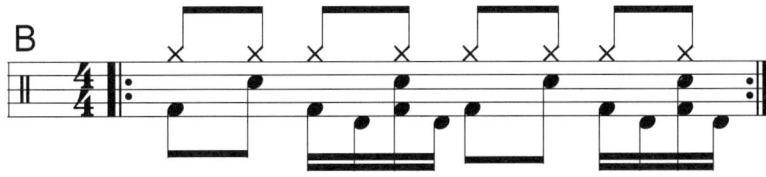

C
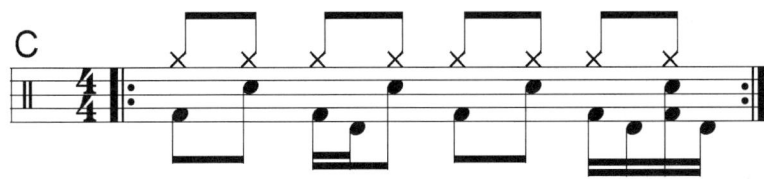

D
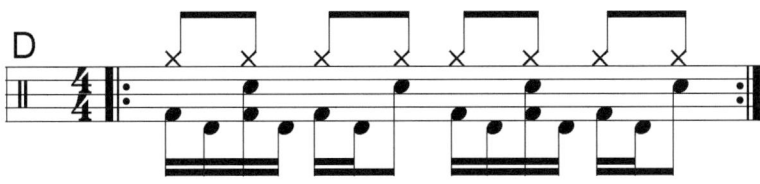

E
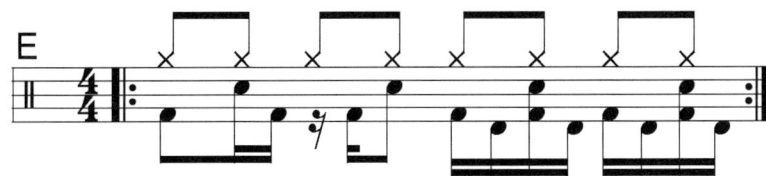

Warm-up exercises - Exercícios de aquecimento

Playing triplet patterns on the bass drum - Tocando tercinas nos bumbos

A
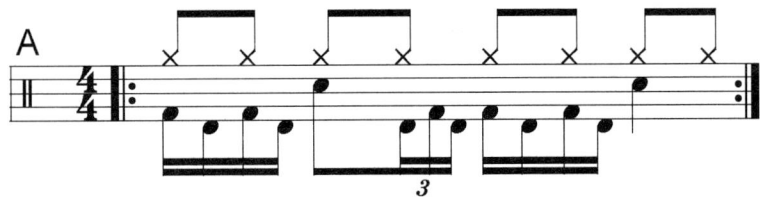

B
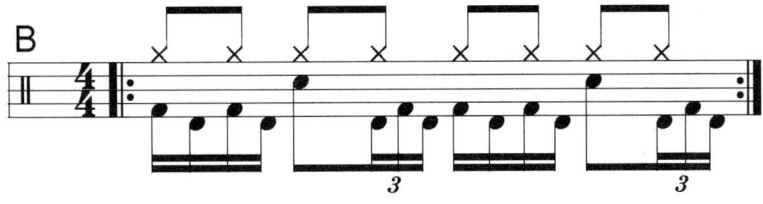

C
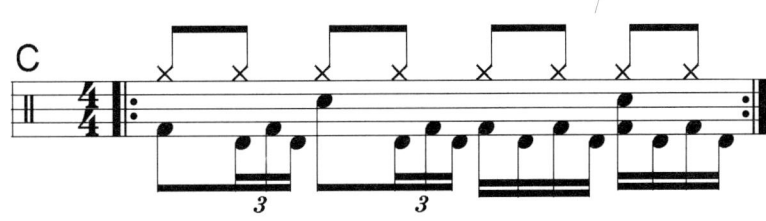

D
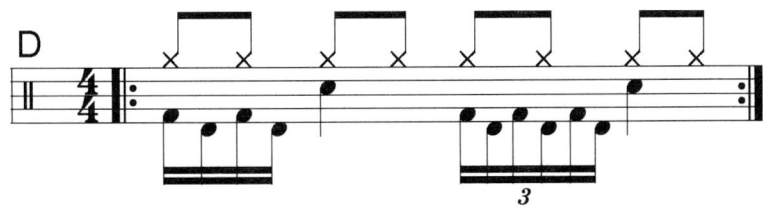

E
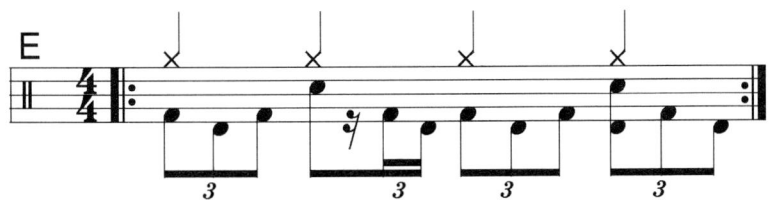

Warm-up exercises - Exercícios de aquecimento

Playing 32nd notes on the bass drum - Tocando fusas nos bumbos

A
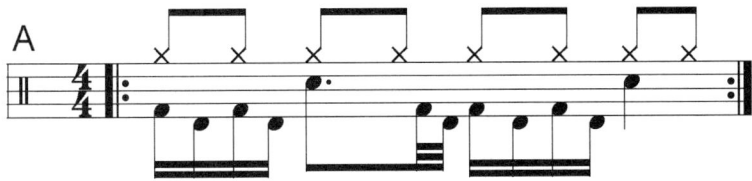

B
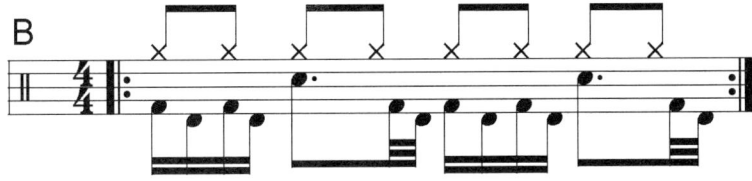

C
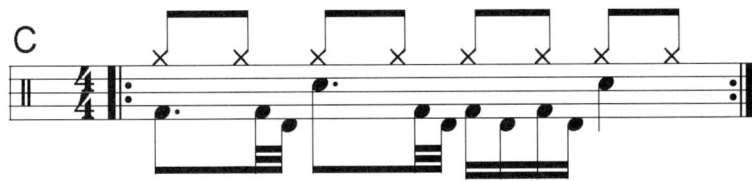

D
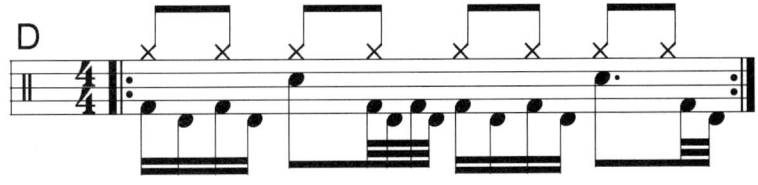

E
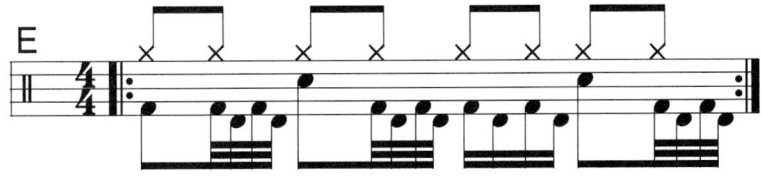

Playing quarter notes, 8th notes and 16th notes on the bass drum
Tocando semínimas, colcheias e semicolcheias nos bumbos

Playing the hi-hat in 8th notes - Tocando o chimbal em colcheias

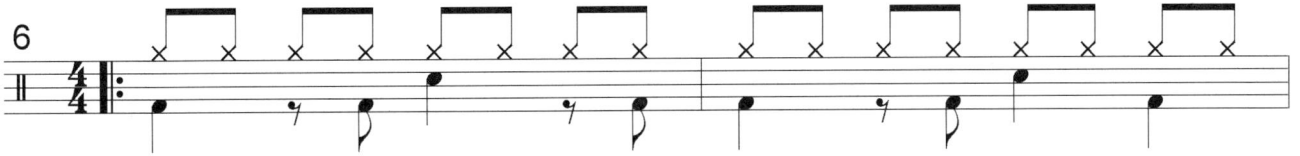

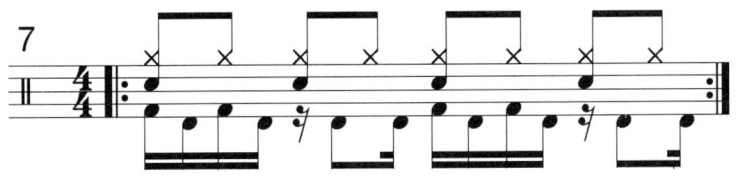

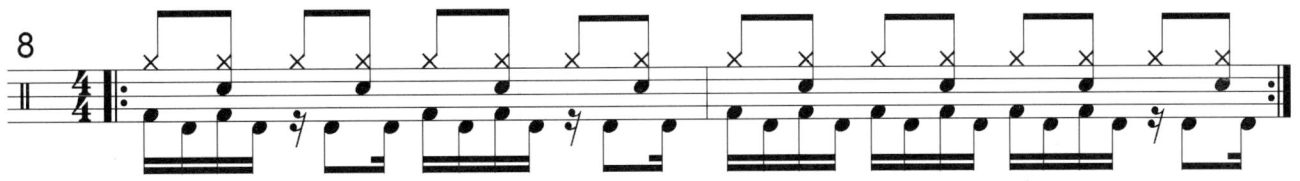

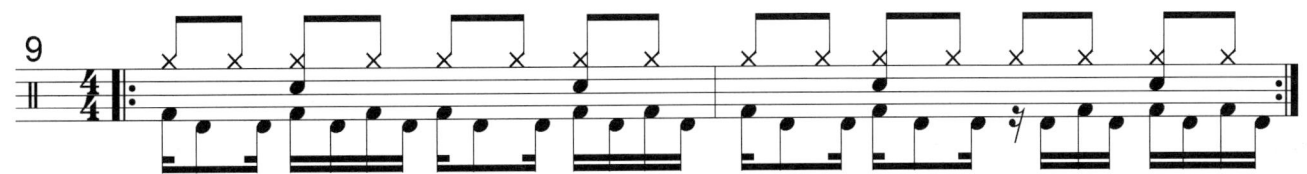

10

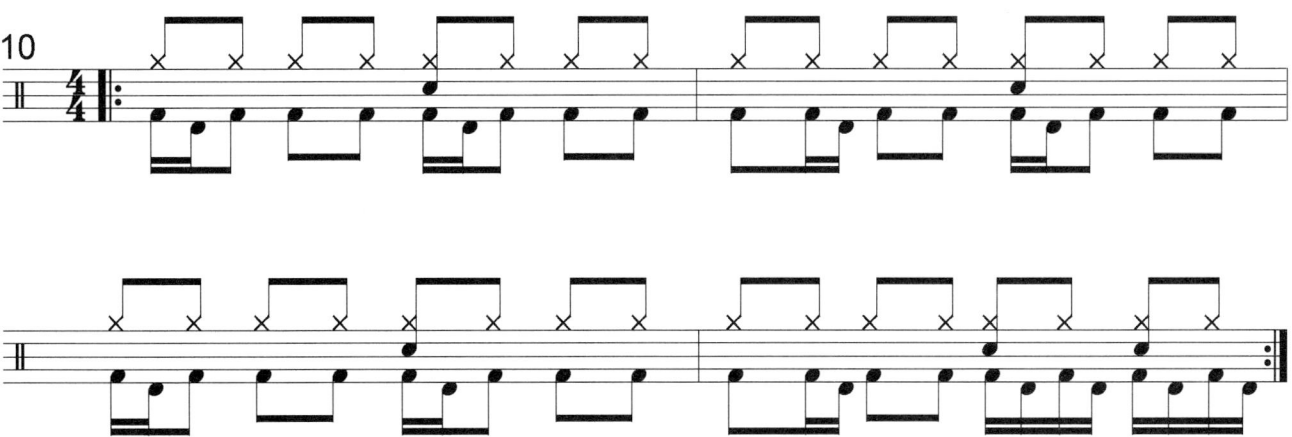

Playing the hi-hat in quarter notes - Tocando o chimbal em semínimas

11

12

13

14

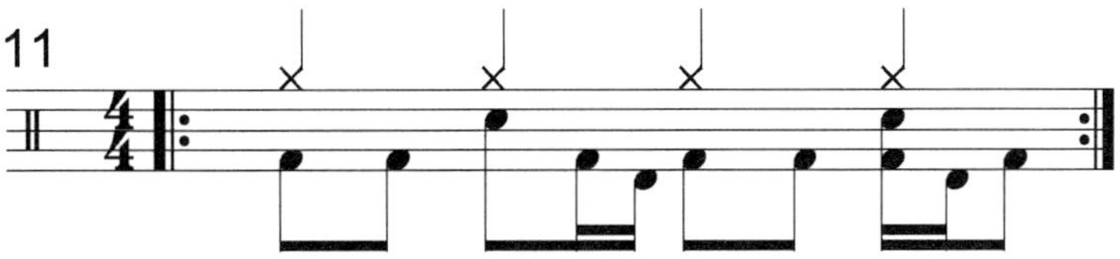

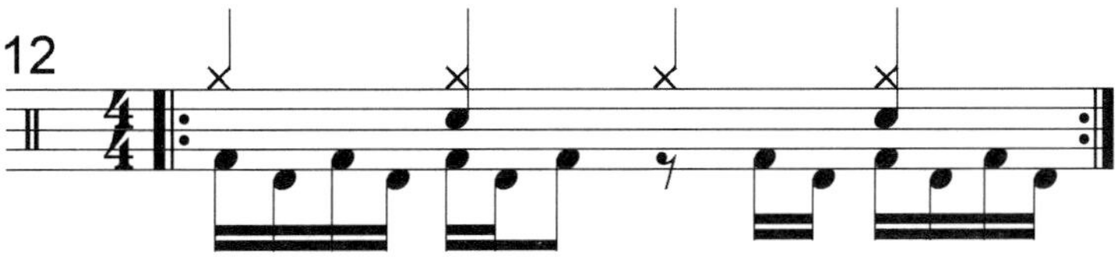

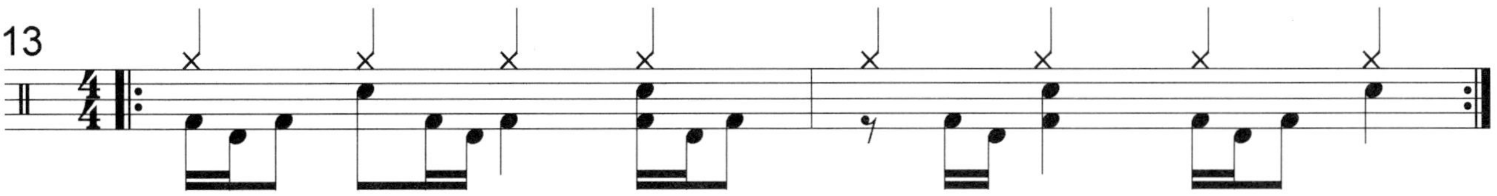

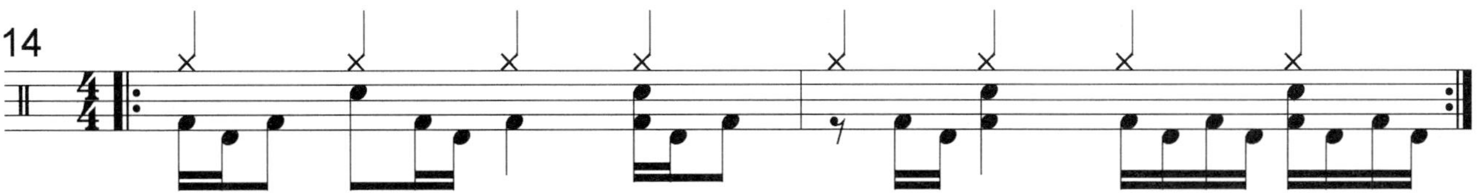

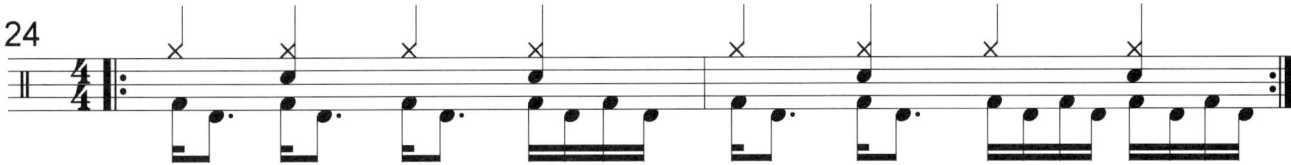

Playing other ride cymbal/hi-hat patterns - Tocando outros padrões no ride/chimbal

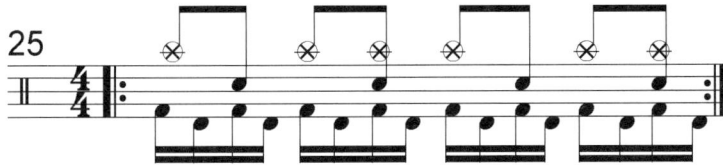

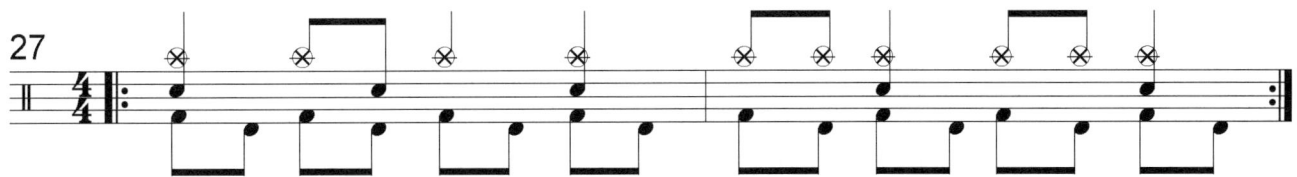

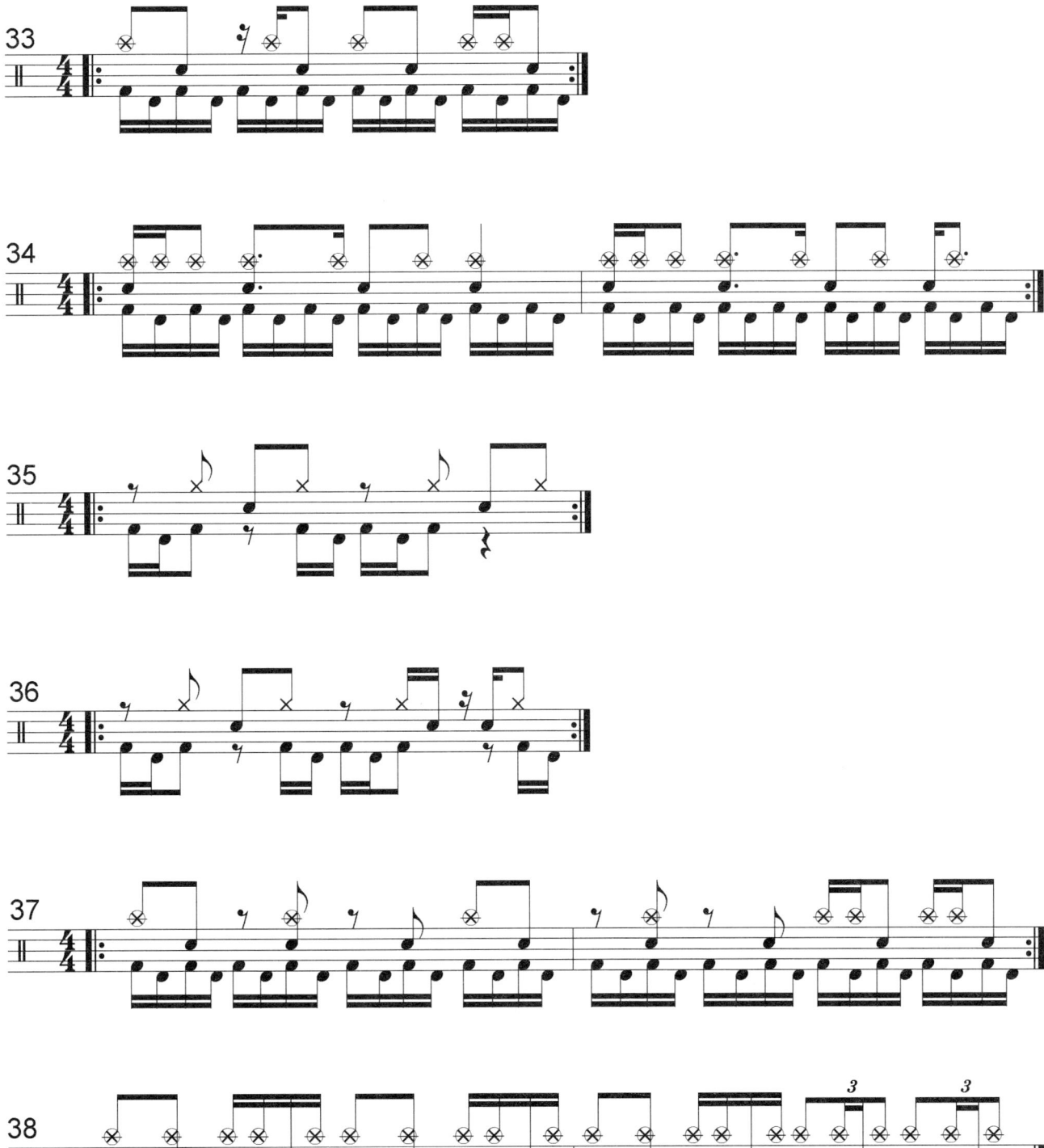

Playing the ride cymbal with two hands - Tocando o ride com as duas mãos

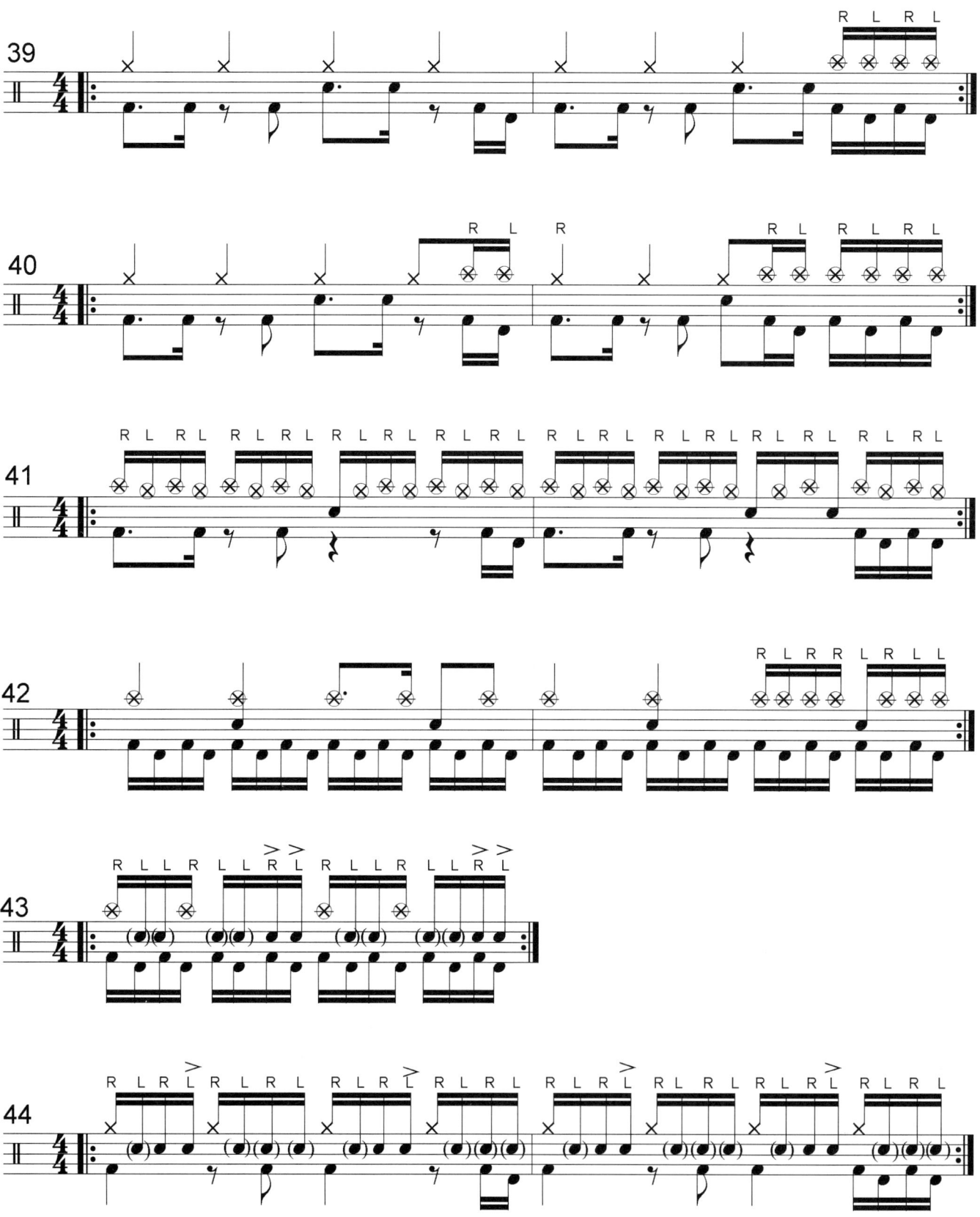

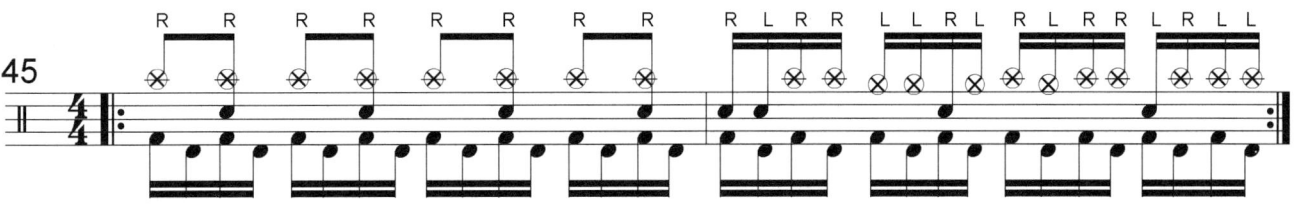

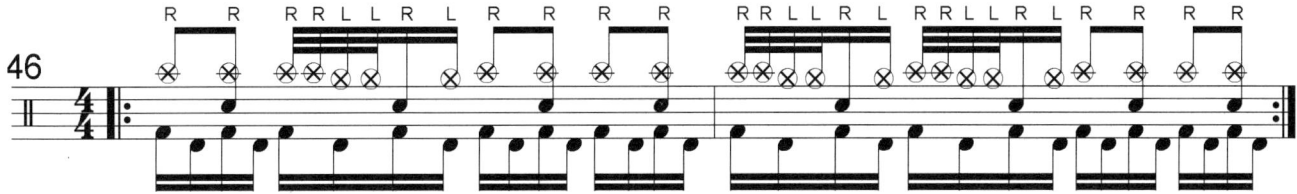

Playing triplet patterns on the bass drum
Tocando padrões com tercinas nos bumbos

Playing the hi-hat in 8th notes - Tocando chimbal em colcheias

47
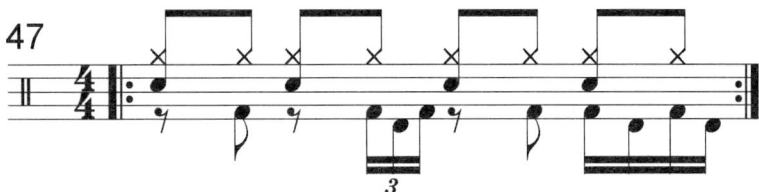

48
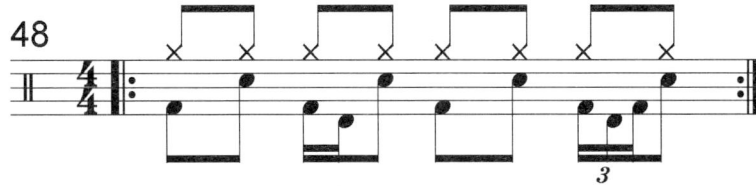

49
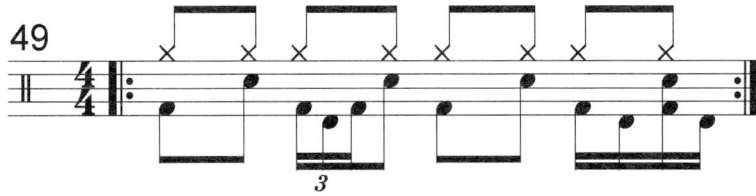

50
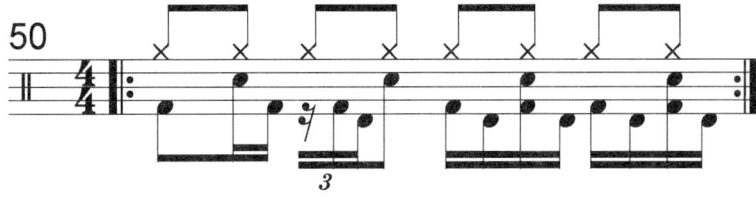

51
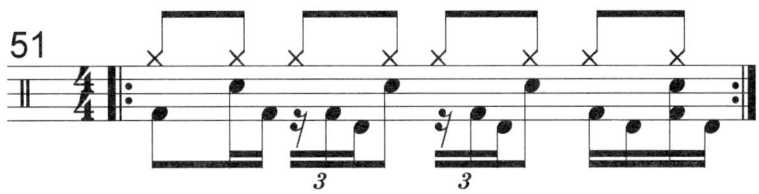

52
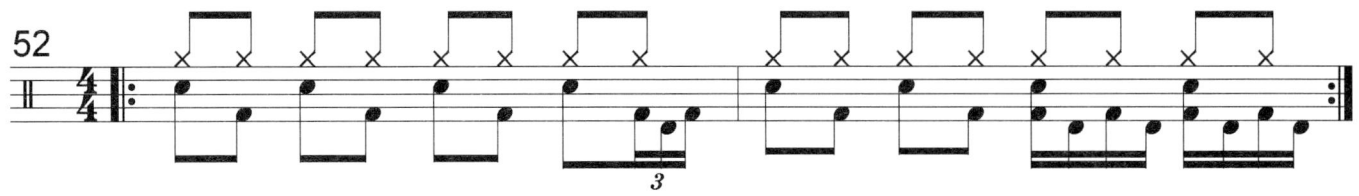

53
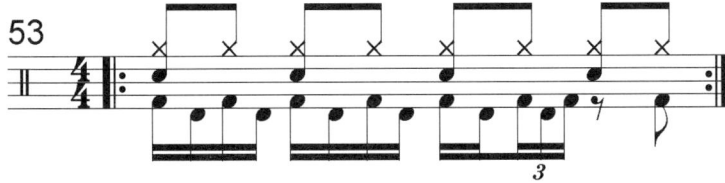

54
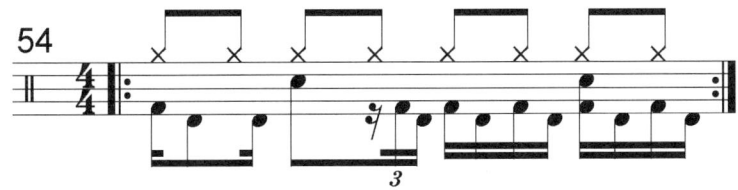

55
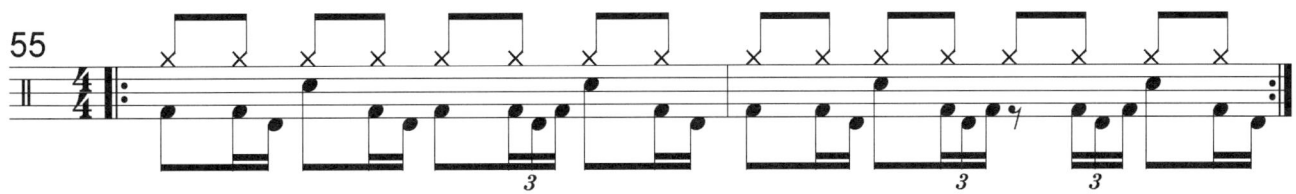

56
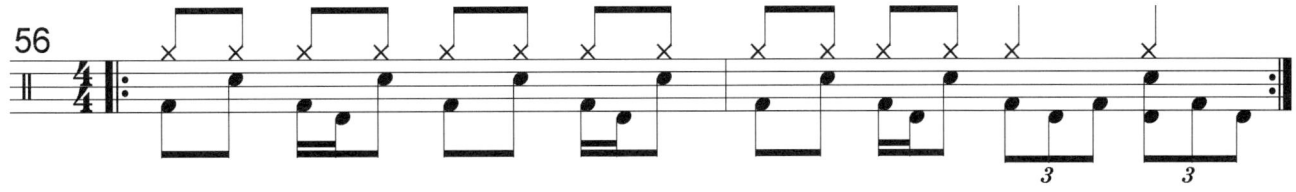

57
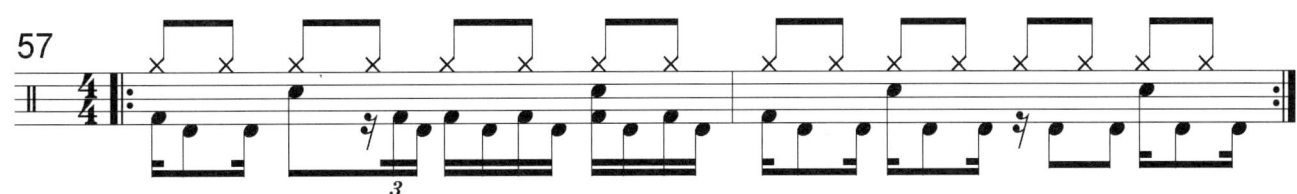

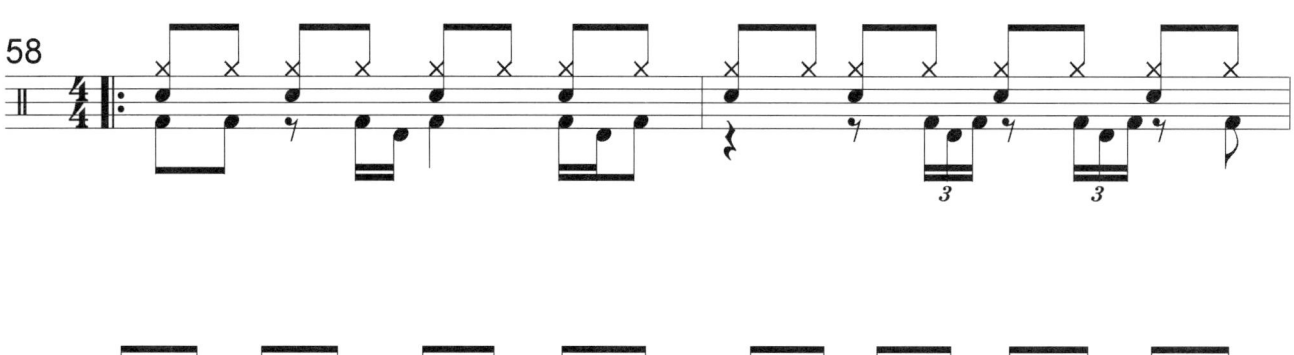

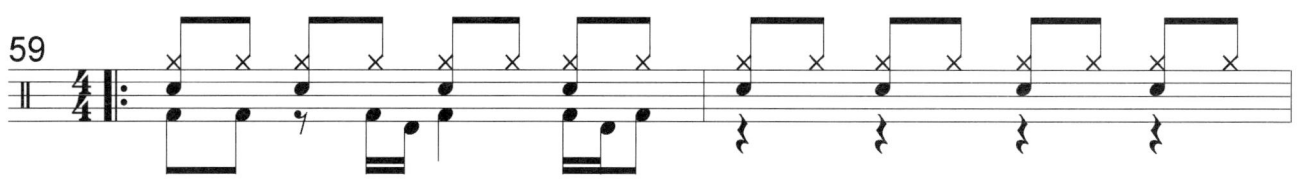

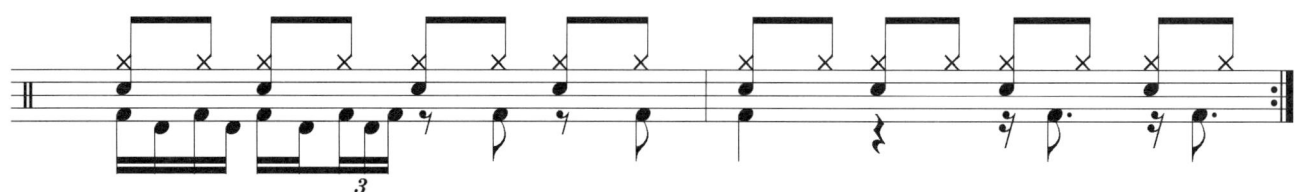

Playing the hi-hat in quarter notes - Tocando o chimbal em semínimas

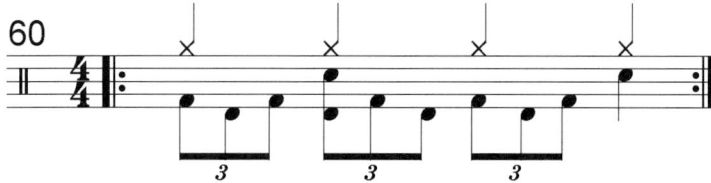

71
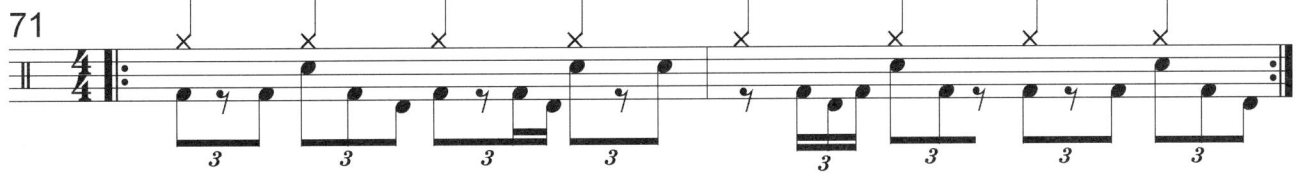

72
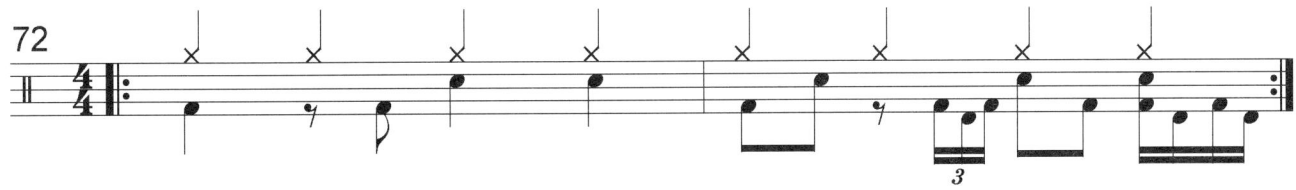

73
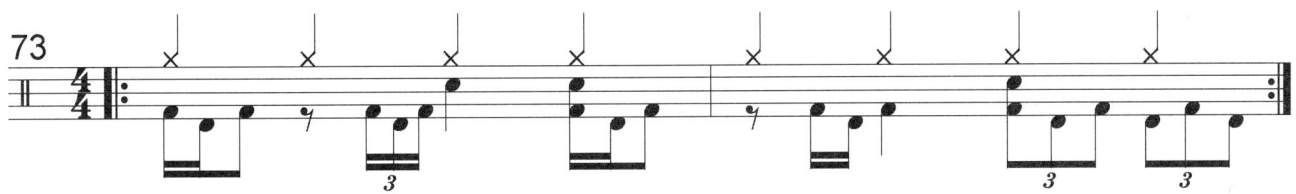

74
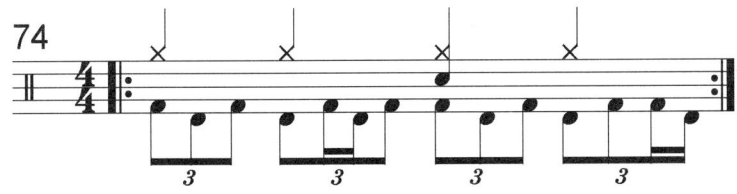

75
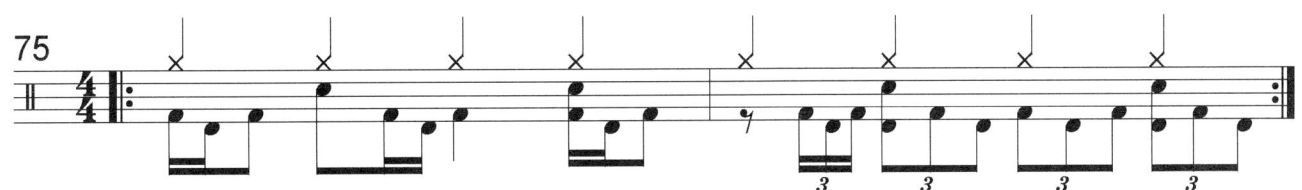

Playing other ride cymbal patterns - Tocando outros padrões no ride

Playing 32nd note patterns on the bass drum
Tocando padrões com fusas nos bumbos

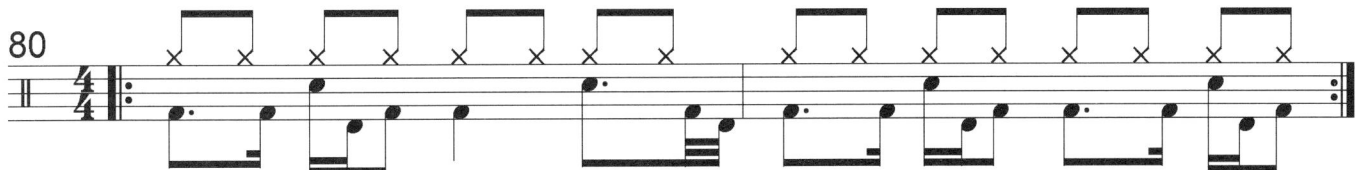

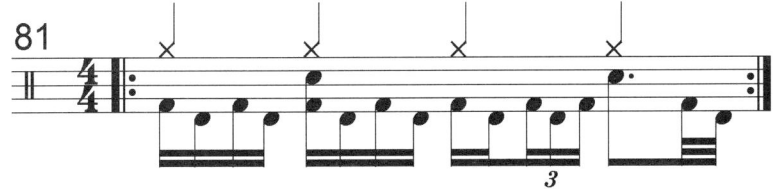

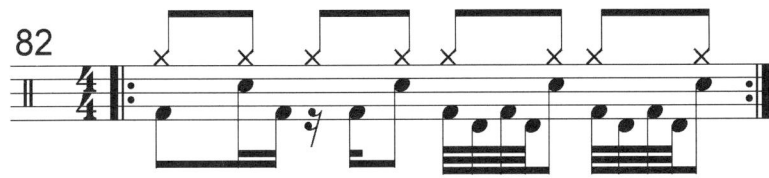

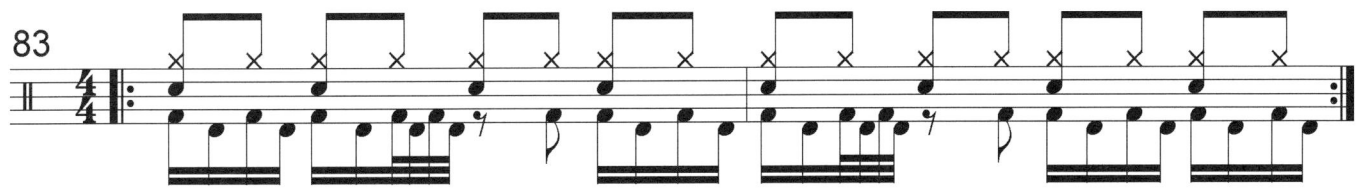

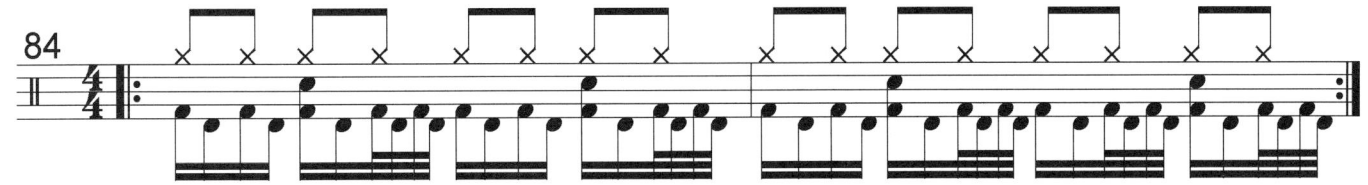

85
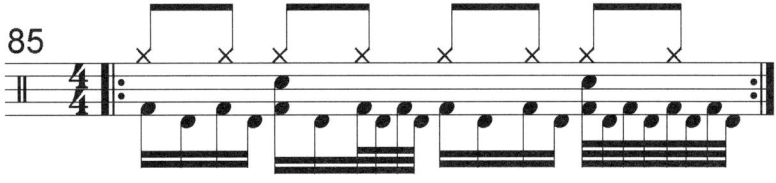

86

87
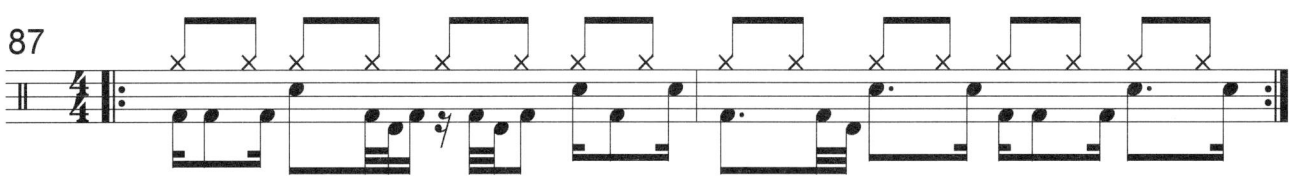

88
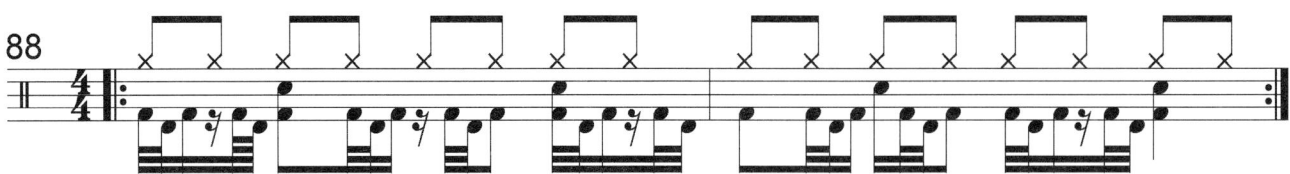

Playing other time signatures
Tocando outras fórmulas de compasso

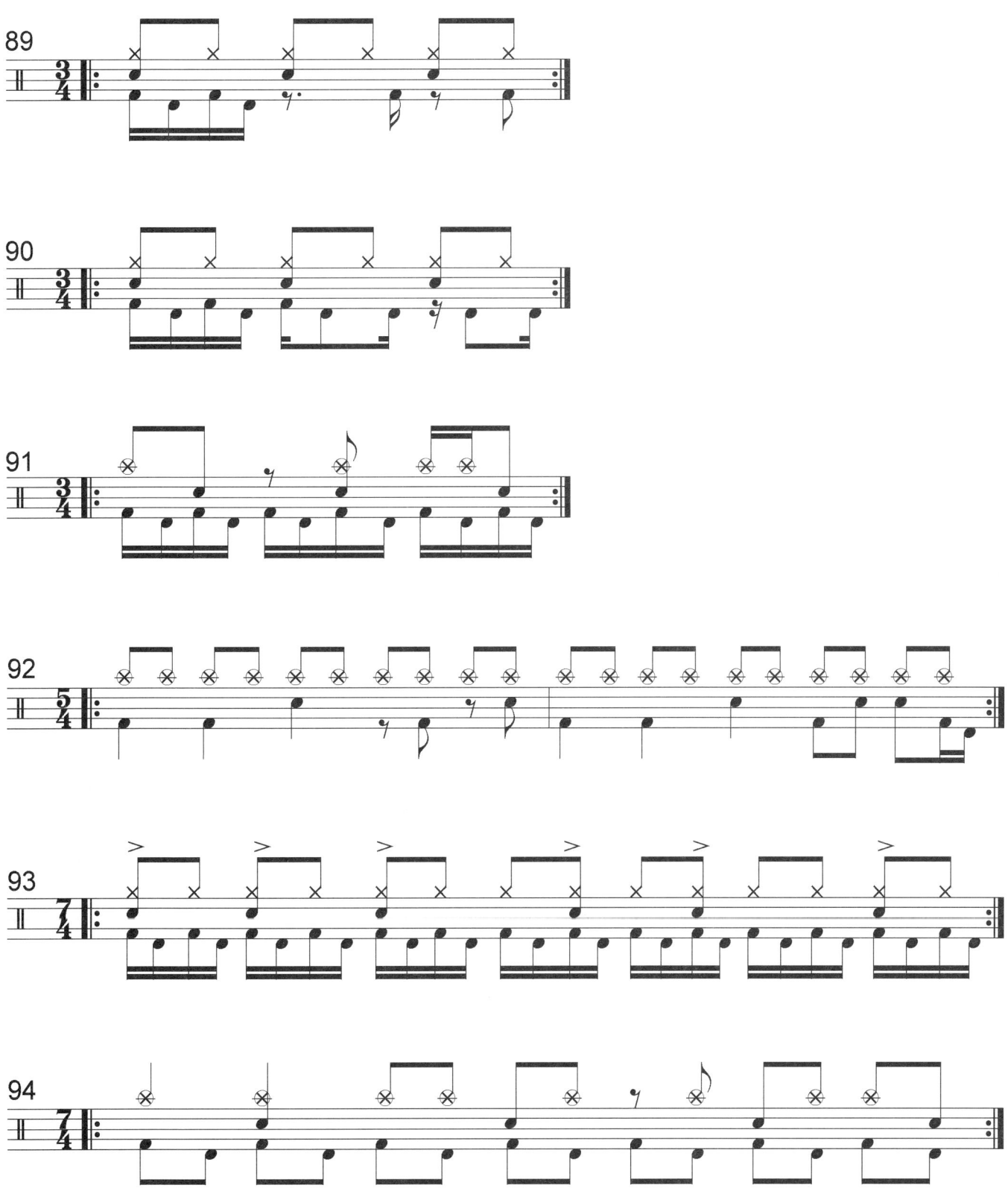

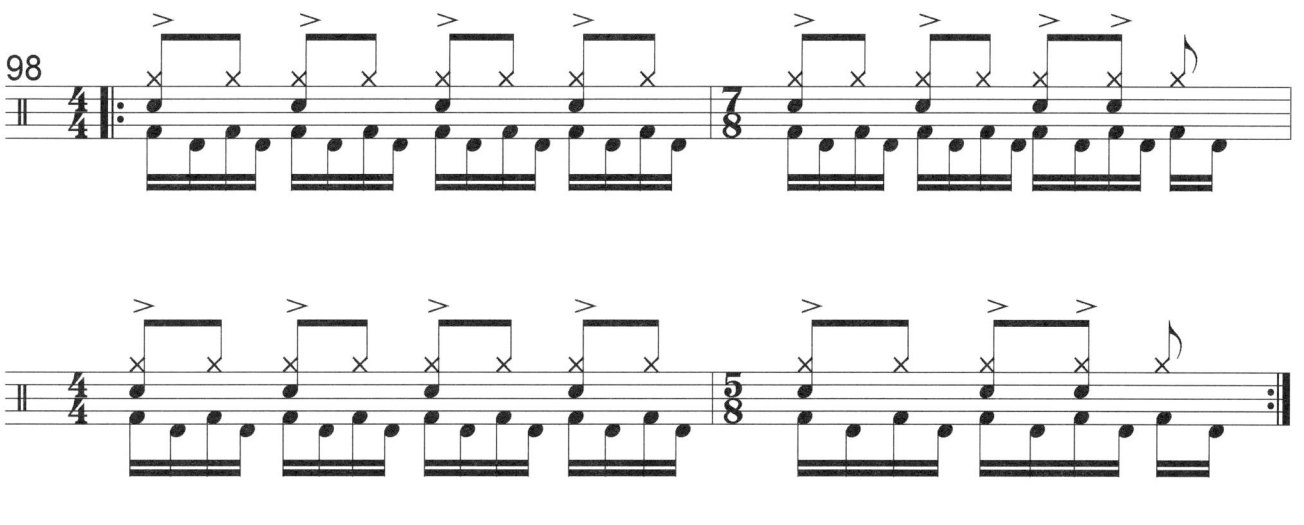

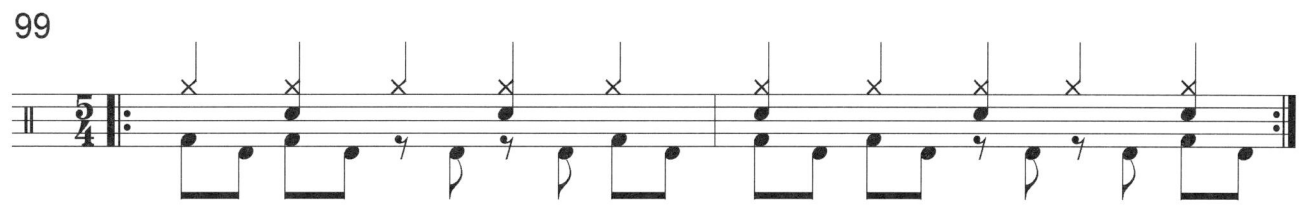

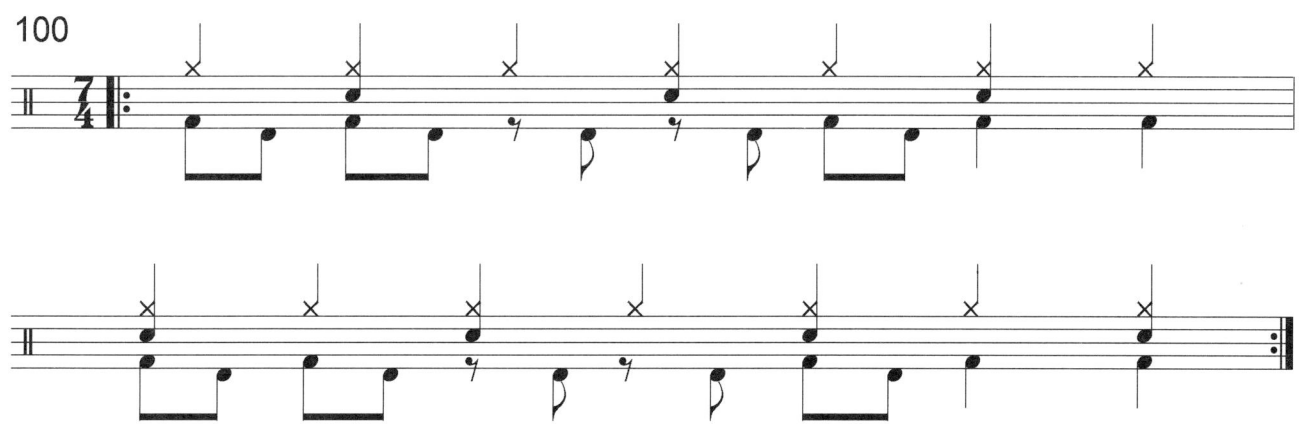

Aquiles Priester's Set up 2007

Photograph by Carlos Cecconelo

MAPEX ORION ANTIQUE IVORY "PSYCHOCTOPUSKIT" 2007
1. Bass Drum 22" x 18"
2. Bass Drum 22" x 18"
3. Black Panther Snare Walnut 14" x 8" (Prototype)
4. Staff Drum Pad VMS-9
5. Deep Forest Snare 10" x 4"
6. Rack Tom 8" x 8"
7. Rack Tom 10" x 09"
8. Rack Tom 12" x 10"
9. Rack Tom 13 " x 11"
10. Rack Tom 8" x 7"
11. Rack Tom 14" x 12"
12. Floor Tom 16" x 16"
13. Floor Tom 18" xX 16"
14. Floor Tom 14" x 14" (with trigger)

PAISTE CYMBALS
A. Signature Heavy Hi-Hat 14"
B. 2002 Rock Bell Ride 24" (black custom)
C. Splash Signature 10"
D. 2002 Wild Crash 18"
E. Rude Thin Crash 19"
F. Signature Heavy China 18"
G. 2002 Rock Crash 17"
H. Splash Rude10"
I. Splash Signature 8" e Splash Rude 10" (stacked)
J. 2002 Rock Crash 18"
K. Signature Heavy China 18"
L. Signature Sound Edge Hi-Hat 15"
M. Signature Power Crash 18"
N. Signature Full Crash 19"
O. Rude China 14" (custom)
P. 2002 Rock Bell Ride 24" (black custom)
Q. 2002 Wild Crash 20"
R. Peripheral rack with direct box, mix console, power supply, DDrum module 4SE and Ciclotron equalizer TGE 2313 XS
S. Hi-Hat stand DW 9000
T. Pedals DW 9000

DRUM RACK: GIBRALTAR
Road series model

DRUM HEADS: EVANS
EC2 Coated on the rack toms and floor toms, EQ4 on the bass drums, Power Center on the snare 14" and Genera Coated on the snare 10". G1 Resonant on the bottom of the rack toms and floor toms. Haze 300 on the bottom of 14" and 10" snares

MICROPHONES: AUDIO-TECHNICA
AE 2500 on the bass drums, ATM 35 on the rack toms and floor toms, ATM 23 on the snares 14" and 10" (bottom and top), AE 5100 hi-hat and ride cymbals, AE3000 over heads and MBK3 drum clinics voice

STICKS: PRO-MARK
Autograph Model Aquiles Priester

TRIGGERS: DDRUM

MONITOR SYSTEM: CICLOTRON
Mixing console Vega 2, 1 acoustic speakers Ciclotron Titanium 700A and 2 Ciclotron Sub 600

URBANN BOARDS: DRUMMER SHOE
Aquiles Priester's PsychoShoes Model

SHRED CASES: CASES